BEI GRIN MACHT SICH IHR WISSEN BEZAHLT

- Wir veröffentlichen Ihre Hausarbeit,
  Bachelor- und Masterarbeit

- Ihr eigenes eBook und Buch -
  weltweit in allen wichtigen Shops

- Verdienen Sie an jedem Verkauf

Jetzt bei www.GRIN.com hochladen
und kostenlos publizieren

Victoria Reinke

Die Königin von Saba am Beispiel des Films "Die Bibel - Salomon"

GRIN Verlag

Bibliografische Information der Deutschen Nationalbibliothek:

Die Deutsche Bibliothek verzeichnet diese Publikation in der Deutschen National-
bibliografie; detaillierte bibliografische Daten sind im Internet über http://dnb.d-
nb.de/ abrufbar.

Impressum:

Copyright © 2012 GRIN Verlag GmbH
Druck und Bindung: Books on Demand GmbH, Norderstedt Germany
ISBN: 978-3-656-60855-4

Dieses Buch bei GRIN:

http://www.grin.com/de/e-book/269762/die-koenigin-von-saba-am-beispiel-des-
films-die-bibel-salomon

GRIN - Your knowledge has value

Der GRIN Verlag publiziert seit 1998 wissenschaftliche Arbeiten von Studenten, Hochschullehrern und anderen Akademikern als eBook und gedrucktes Buch. Die Verlagswebsite www.grin.com ist die ideale Plattform zur Veröffentlichung von Hausarbeiten, Abschlussarbeiten, wissenschaftlichen Aufsätzen, Dissertationen und Fachbüchern.

Besuchen Sie uns im Internet:

http://www.grin.com/

http://www.facebook.com/grincom

http://www.twitter.com/grin_com

Universität Bremen

WiSe 2011/2012

Hausarbeit zum Thema:

ie Königin von Saba am Beispiel des Films: „Die Bibel – Salomon"

ERARBEITET VON: Victoria Reinke

STUDIENGANG: Fachbezogene Bildungswissenschaften

LEHRVERANSTALTUNG: Weibliche biblische Figuren in modernen Massenmedien

ABGABEDATUM: 30.04.2012

Inhaltsverzeichnis

Einleitung

Die nun folgende Hausarbeit bezieht sich auf das von mir im Wintersemester 2011/2012 belegte Seminar „Weibliche biblische Figuren in modernen Massenmedien". Hierbei ging es um biblische Frauengestalten, die auch außerhalb von biblischen Schriften, wie beispielsweise in Filmen, thematisiert werden.

Ich habe mich für die weibliche biblische Figur der Königin von Saba entschieden, da diese für mich sehr interessant erschien. Im späteren Teil meiner Arbeit werde ich diese mit der in dem Film „Die Bibel – Salomon" dargestellten Königin von Saba vergleichen werde.

Hierzu werde ich im Folgenden den Inhalt des Films und der beiden Bibelstellen zusammenfassen, bevor ich eine Filmanalyse zum Film „Die Bibel – Salomon" vornehmen werde. Abschließend folgen dann ein grober Vergleich des gesamten Filmes mit der Geschichte in der Bibel und die Bearbeitung meiner Fragestellung „Wie wird der Besuch der Königin von Saba in der Bibel im ersten Buch der Könige (1. Kön 10) im Film "Die Bibel – Salomon" dargestellt?".

1. Inhalt des Films: „Die Bibel – Salomon"

Der Film beginnt zunächst mit einem Wettrennen zwischen den Halbbrüdern Salomon und Adonija, die beide Söhne des Königs David sind. Bei diesem Rennen verletzt sich Adonija, weshalb sie sich die Brüder wieder auf den Rückweg nach Jerusalem begeben. Unterwegs treffen sie auf einen Salzfischhändler, der behauptet, dass seine Tochter Abischag Adonija mit Kräutern heilen könne, was ihr auch nach weniger Zeit gelingt. Adonija ist von den Künsten Abischags begeistert und verliebt sich in sie.

Als sie wieder in Jerusalem angekommen sind berichtet Salomon seinem Vater, dem König David, der im Sterben liegt, von der wundersamen Heilung durch Abischag. Dieser ordnet daraufhin an, Abischag zu ihm zu bringen, in der Hoffnung, dass sie ihm auch helfen könne. So ziehen Adonija und Joab, der Befehlshaber der Streitkräfte von Israel, mit dem königlichen Gefolge los, um Abischag zu finden. Auf dieser Reise schmieden beide Pläne, um Adonija nach dem Tod von König David zum König salben zu lassen. Als sie mit Abischag zurückkommen ist der König hocherfreut.

Um den Putsch von Adonija perfekt zu machen, überredet Joab einen Priester, Adonija noch vor König Davids Tod zu salben. Das Gerücht, dass Adonija der Königsnachfolger werden soll, hat sich bis zum nächsten Tag verbreitet und das Volk bricht auf, um diesem Ereignis beizuwohnen. Als das Gerücht durch einen Reiter auch bis zum Königshaus vorgedrungen ist, schwört König David, dass nicht Adonija, sondern sein Sohn Salomon, der Sohn von Batseba, sein Nachfolger werden soll. Sofort zieht Salomon mit einem Priester und den Palastwachen nach Gihon los, um dort zum König über Israel gesalbt zu werden.

Das Volk, welches Adonija gefolgt ist, erfährt nun von der Salbung Salomons, des rechtmäßigen Könignachfolgers, und wendet sich von Adonija ab, um zu Salomon zu gehen. Adonija und Joab sehen ein, dass sie zu früh gehandelt und deshalb verloren haben. Joab liefert sich daraufhin dem Hof aus und empfängt das Urteil des Königs David. Dieser verschont ihn und lässt ihn am Leben, solange er selbst lebt. Nach seinem Tod darf Salomon über ihn entscheiden. Über

Adonija´s Leben soll Salomon entscheiden. Ebenso wie sein Vater, verschont auch Salomon den Verräter und droht bei wiederholtem Verrat mit dem Tod.

Als König David kurz darauf stirbt, hegen Adonija und Joab noch während des Trauermarsches erneut Pläne, um an die Macht zu kommen und wie Adonija an seine geliebte Abischag kommt. Deshalb bittet Adonija die Königin Batseba, dass diese ihren Sohn fragen möge, ob er Abischag zur Frau bekommen könne. Da Salomon aber genau weiß, dass es Adonija immer noch auf den Thron abgesehen hat, verweigert er ihm diesen Wunsch und lässt ihn und Joab töten.

Salomon weiß, dass er sein Amt nur seiner Mutter Batseba zu verdanken hat. Er bittet Gott deshalb um Weisheit. Gott schenkt ihm daraufhin diese und einen klaren und urteilsfähigen Kopf, knüpft diese Gaben aber an die Einhaltung seiner Gesetze und Gebote.

Zehn Jahre später besteht dem Volk Israel ein Krieg mit Ägypten bevor. Aus diesem Grund lässt König Salomon seine Ressourcen überprüfen und teilt durch königlichen Erlass das Königreich Israel und Juda in zwölf Bezirke und erhöht die Steuern. Um den Krieg möglichst zu verhindern, heiratet König Salomon außerdem die Tochter des ägyptischen Pharaos und verspricht im Gegenzug den Bau eines Tempels für ihren Gott Amun-Ra.

Bald darauf heiratet König Salomon erneut. Diese Frau schenkt ihm kurz darauf einen Sohn, Rehabeam, der sein Thronfolger werden soll. Nun beginnt er mit dem Auftrag seines Vaters, dem Tempelbau für Gott und die Bundeslade.

Als seine Mutter Batseba während der Bauzeit mit ihren vielen Enkeln, die ihr König Salomon mittlerweile mit vielen verschiedenen Frauen geschenkt hat, einen Tanz einstudiert, fällt sie um und stirbt kurz darauf.

Nachdem der Tempelbau abgeschlossen ist, wird die Bundeslade feierlich hineingebracht und ein großes Fest gefeiert. Dort trifft König Salomon auf Abischag und ihre Familie, von denen er sich einen Esel leiht, um damit in die Wüste zu reiten. Dort spricht er erneut mit Gott, der ihn daran erinnert, seine Gesetze und Regeln zu befolgen. Bei Tagesanbruch entdeckt König Salomon in der Ferne eine Karawane und erfährt, dass es sich um die Königin von Saba mit ihrem Gefolge handelt, die auf dem Weg nach Jerusalem ist.

Als die Königin von Saba angekommen ist, stellt sie sich dem König vor und erzählt, dass sie monatelang gereist sei, weil sie sich selbst von den Erzählungen um seine Weisheit überzeugen wolle. Als Gastgeschenk bekommt König Salomon junge hübsche Mädchen, die für ihn tanzen. Daraufhin zeigt Salomon der Königin von Saba seine Schätze. Er zeigt und erklärt ihr das Geheimnis von Gläsern, von Stoff aus Indien und weitere Besonderheiten wie Obst und Holz. Sie begleitet ihn überall hin und schaut auch zu, als er seine Kinder unterrichtet, im Gericht seine Urteile verkündet oder zu seinem Volk spricht. Die Königin von Saba stellt fest, dass die Erzählungen über die Weisheit des König Salomons stimmen und diese noch weit darüber hinausgeht.

Nach kurzer Zeit verlieben sich die Königin und der König in einander und sprechen über eine mögliche Hochzeit und Kinder. Da sie aber ihr Volk nicht für immer allein lassen kann, verspricht sie ihm, für ein Jahr zu bleiben und beide heiraten. Die Königin von Saba hat es König Salomon so sehr angetan, dass er anfängt, sein Volk zu vernachlässigen, was seine Beliebtheit sinken lässt. Seine Liebe reicht sogar soweit, dass er die Königin von Saba über alles stellt und sie als Gottes Atem bezeichnet. Als die Königin von Saba bald darauf schwanger wird und einen Jungen zur Welt bringt, den er Menelik, den Auserwählten nennt, schlägt er vor, dass dieser sein Nachfolger werden soll und nicht, wie geplant, sein erstgeborener Sohn Rehabeam, damit die Königin von Saba dadurch für immer bei ihm bleiben kann. Als dies der Rat erfährt, ist dieser außer sich, denn die Königin von Saba gehört nicht ihrem Volk an und betet auch nicht zu ihrem Gott. Die Königin von Saba, die gelauscht hatte, entschließt sich daraufhin, wieder in ihr Land zurückzukehren, weil sie und ihr Sohn wohl niemals vom Volk Israel akzeptiert werden würden.

In einem letzten Gespräch zwischen König Salomon und der Königin von Saba beschließt die Königin, Salomons Gott auch zu ihrem zu machen und auch ihr Sohn solle später als König unter Salomons Gott herrschen. Dafür bittet sie um die Begleitung durch Gelehrte, die ihren Sohn unterweisen sollen. Salomon spielt daraufhin mit dem Gedanken, ein neues Israel im Land der Königin von Saba aufzubauen.

Unglücklich bleibt König Salomon zurück und lässt die Königin von Saba mit einer großen Menge an Gold, Waren und den besten Leuten des Landes, die er zum Auswandern gezwungen hat, ziehen. Aufgrund dieser Mitgiften und weil trotz der Fertigstellung des Tempels hohe Steuern zu zahlen sind, entsteht Aufruhr im Volk, es ist unzufrieden, muss teilweise sogar hungern.

Der König Salomon beginnt an sich und seinem Leben zu zweifeln und unterstellt sich Eitelkeit. Aber auch vom Volk muss er Vorwürfe, wie die Untreue gegenüber Gott, ertragen, weil er Altare für andere Götter erbauen ließ.

Bald darauf erscheint ihm Gott in Gestalt eines Bettlers, der ihm mitteilt, dass Salomon aufgrund seiner Abwendung vom wahren Gott den Bund mit diesem gebrochen habe und er ihm deshalb sein Königreich nehmen werde. Dieses wolle er dann Jeroboam geben. Salomon dürfe um seines Vaters König David Willen noch bis zu seinem Tode herrschen. Danach allerdings werde er das Königreich teilen.

Zehn Jahre später wendet sich auch König Salomons engster Freund Jeroboam, ein ehemaliger Arbeiter, von ihm ab und trifft in der Wüste auf einen Mann namens Ahija, der ihm eine Nachricht von Gott überbringt. Dieser Mann behauptet, dass Jeroboam nach König Salomons´ Tod zehn der zwölf Stämme Israels und Rehabeam, der erstgeborene Sohn des Königs Salomon, Juda erhalten solle. Als dieser Prophet auch König Salomon diese Nachricht übermittelt, ist dieser so außer sich, dass er anordnet, Jeroboam töten zu lassen. Dieser versteckt sich jedoch bis nach König Salomons Tod in Ägypten, nachdem er einen entsprechenden Tipp erhalten hatte.

Während sich Rehabeam nach dem Tod seines Vaters, König Salomon, schon als neuer König fühlt und seine Salbung erwartet, kehrt Jeroboam aus Ägypten zurück und berichtet, dass das Volk Israel Rehabeam nur als König akzeptieren werde, wenn er die Fronarbeit abschaffen und die Steuern erträglich machen werde. Da sich Rehabeam darauf aber nicht einlassen will, erfüllt sich die Prophezeiung des Mannes aus der Wüste und fortan herrschte Jeroboam über die zehn Stämme Israels und nur der Stamm Juda blieb Rehabeam treu.

2. Inhalt der Geschichte „Besuch der Königin von Saba" in der Bibel

In der Bibel gibt es die Geschichte vom Besuch der Königin von Saba zweimal. Inhaltlich unterscheiden diese sich dem Grund nach nicht. Deshalb werde ich eine gemeinsame inhaltliche Zusammenfassung sowohl der Geschichte aus dem ersten Buch der Könige (1. Kön 10,1-13) als auch der Geschichte aus der zweiten Chronik wiedergeben:

Die Königin von Saba hatte von König Salomos Ruhm und Weisheit gehört, weshalb sie beschließt, ihn zu besuchen und sich durch schwierige Rätsel selbst von dessen Weisheit zu überzeugen. Auf die Reise nach Jerusalem nimmt sie ihre Kamele mit, die sie mit Gewürzen, viel Gold und Edelsteinen beladen hatte.

Als sie bei König Salomo ankommt, bespricht und fragt sie ihn alles, was sie sich vorgenommen hatte. König Salomo verbirgt nichts vor ihr und antwortet auf all ihre Fragen. Sie ist schließlich so stark beeindruckt von Salomos Wissen, seinem selbsterbautem Palast, den vielen Speisen, der Rangordnung seiner Diener und deren Kleidung sowie von den Brandopfern, die er im Tempel opferte, dass sie zu König Salomo sprach: „Alles, was ich in meinem Lande von deiner Weisheit und deinen Taten gehört habe, ist tatsächlich wahr. Ich bin hergekommen, um mich davon zu überzeugen und jetzt, wo ich es mit eigenen Augen gesehen habe, muss ich feststellen, dass man mir nicht einmal die Hälfte dessen berichtet hat. Dein Wissen und Wohlstand übertrifft die Kunde bei Weitem. Auch deine

Frauen und Bediensteten können sich glücklich schätzen, dass sie sich ständig in deiner Näher aufhalten und deinen Weisheiten zuhören können. Gelobt sei dein Gott, der dich auf den Thron Israels aus Wohlgefallen gesetzt hat und damit zeigt, dass er Israel über alles liebt, denn er hat dich zum König erwählt, damit du Recht und Gerechtigkeit ausübst."

Zum Abschied gibt die Königin von Saba dem König Salomo Edelsteine, einhundertzwanzig Zentner Gold und so viele Gewürze, wie es sie in Israel nie wieder gegeben hat. Aber auch sehr viel Sandelholz und Edelsteine wurden von den Handelsschiffen Hirams befördert, so dass König Salomo daraus Pfeiler im Haus des Herrn errichtete und in seinem Hause Harfen und Zithern für die Sänger. Niemals mehr gab es im Land Israel wieder eine solche Fülle an Sandelholz.

Aber auch König Salomo war sehr freigiebig und erfüllt der Königin von Saba darüber hinaus jeden Wunsch.

Dann reiste die Königin von Saba mit ihrem Gefolge in ihr Land zurück.

3. Filmanalyse

Bei dem TV-Bibelfilm „Die Bibel – Salomon" handelt es sich um einen zweiteiligen Historienfilm aus dem Jahr 1997. Dieser wurde ein Jahr später zum ersten Mal im ARD ausgestrahlt und erschien erst im Jahr 2004 auf DVD. Produziert wurde der Film von Lorenzo Minoli unter der Regie von Roger Young nach dem Drehbuch von Bradley T. Winter. Beide Teile des Films haben eine Gesamtlänge von 167 Minuten und sind ab einem Alter von sechs Jahren freigegeben.

3.1 Visuelle Analyse

Der Film „Die Bibel – Salomon" hat ein Seitenformat von 4:3 – 1.33:1 und wurde zum überwiegenden Teil bei Tageslicht und weniger bei Nachtlicht gedreht. Dabei wurde ein Vorderlicht verwendet, welches vom Standpunkt der Kamera auf das Geschehen leuchtete. Bei der Farbwahl handelt es sich eher um erdige und gedeckte Farben, um das Genre eines Historienfilms zu unterstützen. Die meisten Szenen finden in der Natur statt, wobei es sich um Drehorte in Deutschland, Italien und den USA handelt. Szenen, die nicht in der Natur stattfanden, wurden in tempelähnlichen Gebäuden gedreht. Die Perspektive variiert im Film zwischen der Sicht auf Augenhöhe und der Vogelperspektive, die dem Zuschauer eine Gesamtübersicht ermöglicht und ihm gleichzeitig eine sachliche Distanz verschafft. Die Kameraeinstellungen reichen von der Totalen, über die Halbtotale und die amerikanische Einstellung bis hin zu Nah- und Großeinstellungen. Die Totale wurde meist eingesetzt, wenn mehrere Figuren zu sehen waren. Dadurch wurde dem Zuschauer die Möglichkeit gegeben, sich einen Überblick über den Ort und die Handlung zu verschaffen. Die Halbtotale und die amerikanische Einstellung hingegen wurden eher eingesetzt, wenn sich drei, vier Figuren im Bild befanden und die Handlung auf den gestischen Ausdruck reduziert werden sollte. Viele Szenen wurden aber auch in der Nah- und Großeinstellung gedreht, wobei dann nur ein bis zwei Figuren gezeigt wurden. So wurde dem Zuschauer der im Gesicht ablesbare Ausdruck innerer Regungen verdeutlicht. Auf Kamerafahren, Kameraschwenkungen und das Zoomen wurde im Film weitestgehend verzichtet, ebenso auf besondere Effekte.

3.2 Auditive Analyse

Der Ton des Filmes in der Originalsprache ist Englisch und musste so für die deutschen Zuschauer ins Deutsche synchronisiert werden. Dieser Ton passt in jeglicher Szene in den Kontext des Films, so dass dem Zuschauer nichts verborgen bleibt. Die Tonquelle ist bis auf den Beginn des zweiten Teils synchron, denn hier wird von einem Erzähler noch einmal der Inhalt des ersten Teils zusammengefasst, so dass sich die Stimme im Off befindet und damit asynchron ist. Die Ebenen des Tons, Geräusche, Musik und Sprache, finden einzeln, aber teilweise auch gleichzeitig statt. Hintergrundgeräusche findet man im Film eher selten und ob diese synthetisch hergestellt wurden sind, vermag ich nicht zu beurteilen. Ebenso ist kein symbolischer Charakter bei den Geräuschen erkennbar. Bei der Musik handelt es sich um Musik, die von einem Orchester produziert worden sein muss. Diese unterstützt bzw. verstärkt die Szenen und wurde immer sehr passend gewählt. In aufregenden Szenen wurde laute und kräftige Musik verwendet, während in ruhigen Szenen eher auch ruhige und leise Musik zu hören ist. Bei der Sprache handelt es sich um gesprochene Sprache, die in Dialogen stattfindet. Nur an den Stellen im Film, an denen ein Zeitsprung stattfindet, wird der Zuschauer ausschließlich visuell, über eingeblendete Schrift, informiert.

3.3 Handlungs- und Figurenanalyse

Der Film „Die Bibel – Salomon" basiert auf einer printliterarischen Vorlage. Bei dieser handelt es sich um die Geschichte des König Salomons, die im ersten Buch der Könige erzählt wird. Die Haupthandlung des Filmes bilden der Kampf der beiden Söhne König Davids um die Thronfolge sowie die Ausübung des Königsamtes vom Könignachfolger, Salomon. Als Nebenhandlung gelten eher dessen Liebschaften – ganz besonders zu der Königin von Saba.

Der Protagonist des Films ist König Salomon, von dem im gesamten Film berichten wird. Dieser ist dem Grunde nach selbstcharakterisierend und wird nur wenige Male durch andere Figuren fremdcharakterisiert, z. B. zu Beginn des zweiten Teils in der Zusammenfassung durch einen Erzähler. Salomon durchlebt im Film eine Persönlichkeitsveränderung. Zu Beginn des Films kann er als unscheinbarer, schüchterner und zurückhaltender Sohn des Königs David charakterisiert werden. Als er jedoch zum König gesalbt wurde und ihm seine kommende Verantwortung bewusst wird, erhält er von Gott, seinem Herrn, Weisheit und einen urteilsfähigen Kopf. Diese Gaben verschaffen ihm ein hohes Ansehen und Respekt - sein Volk liebt ihn. Als er allerdings die Königin von Saba kennen lernt und seine Liebe zu ihr über die zu Gott stellt, wird er eitel, unsorgsam und unzuverlässig, so dass er von seinem Volk teilweise verachtet und gehasst wird.

Eine für diese Arbeit und diesen Film bedeutende Nebenrolle spielt die Königin von Saba. Diese tritt erst im zweiten Teil des Films auf und verzaubert König Salomon sofort mit ihrer geheimnisvollen Art und ihrer unglaublichen Schönheit. Sie verliebt sich in König Salomon, ebenso wie er sich in sie, und würde für ihn ihr Leben und ihre Herrschaft in ihrem Land aufgeben. Aber auch die Gegenliebe von Salomon ist so stark, dass er den gemeinsamen Sohn Menelik zum Thronfolger ernennen würde, anstatt seines erstgeborenen Sohnes Rehabeam. Da die Königin von Saba aber nicht an den gleichen Gott wie das Volk Israel glaubt und aus diesem Grund nicht vom diesem akzeptiert wird, entscheidet sie sich gegen ihre Liebe zu König Salomon, zieht in ihr Land zurück, beschließt aber, Salomons Gott für ihren Sohn und sich selbst zu ihrem Gott zu machen.

Figurenkonstellation

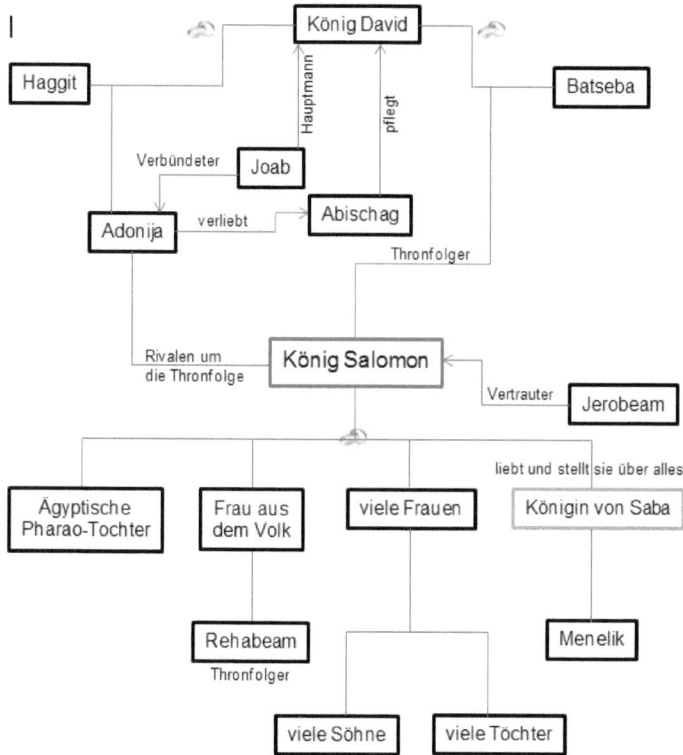

4. Vergleich des Besuchs der Königin von Saba in Film und Bibel

Grober Vergleich des Films „Die Bibel – Salomon" mit der Erzählung in der Bibel

Betrachtet man den gesamten zweiteiligen Film „Die Bibel – Salomon" und vergleicht die Geschehnisse mit denen der Bibel, kann festgestellt werden, dass der grobe Ablauf gleich ist.

Der Film beginnt in etwa im ersten Buch der Könige mit der Suche eines Nachfolgers für König David. Das vorhergehende Rennen der beiden Brüder fand in der Bibel jedoch nicht statt und wurde im Film nur ausschmückend hinzugefügt. Der Film endet etwa in Kapitel zwölf des ersten Königsbuches bzw. in Kapitel zehn der zweiten Chronik mit dem Tod König Salomos und dem Wahrwerden der Prophezeiung des Propheten Ahija. Im Film wurden jedoch einige Passagen der Bibel ausgelassen oder verkürzt dargestellt, wie beispielsweise Kapitel vier und fünf des ersten Buches der Könige.

Die Geschichte des Besuches der Königin von Saba hingegen, die in Kapitel zehn des ersten Buchs der Könige und in Kapitel neun, Vers eins bis zwölf der zweiten Chronik dargestellt wird, wurde im Film um eine Liebesgeschichte erweitert.

Wie wird der Besuch der Königin von Saba in der Bibel im ersten Buch der Könige (1. Kön 10) im Film „Die Bibel – Salomon" dargestellt?

Der Besuch der Königin von Saba verläuft bei grober Betrachtung im Film ähnlich wie der in der Bibel dargestellte Besuch. Wenn man allerdings Film und Bibel genau vergleicht, kann man sowohl Unterschiede als auch Gemeinsamkeiten feststellen.

So wird der Besuch der Königin von Saba im Film schon vor ihrem Eintreffen bekannt, da sich der König nach seinem Gespräch mit Gott immer noch in der

Wüste befindet und dort bei Tagesanbruch in der Ferne eine Karawane entdeckt. Bei den Tieren der Karawane, die mit Geschenken beladen waren, handelt es sich im Film um Elefanten, während in der Bibel die Rede von Kamelen ist. Auch reitet der König im Film der Karavane auf seinem geliehenen Esel entgegen, um herauszufinden, um wen es sich handelt. Dort angekommen stellt er sich der Unbekannten in der Sänfte als König Salomon vor, die ihm das aber nicht glaubt, da er auf einem Esel unterwegs ist. Vielmehr gibt sie ihm den Auftrag, dem König auszurichten, dass sie auf dem Weg zu ihm sei. In der Bibel hingegen findet eine solche Szene nicht statt und die Geschichte beginnt sofort mit dem Eintreffen der Königin von Saba. Eingeleitet wird sie nur durch die Aussage, dass die Königin von den Gerüchten um die Weisheit des Königs von Salomon gehört hatte und diese mit Rätselfragen überprüfen wollte. Beim König Salomo angekommen stellte sie ihm alle Fragen, die sie sich vorgenommen hatte und bekam auch auf alle eine Antwort. Im Film wird dieser Szene hingegen erst einmal ein standesgemäßer Empfang der Königin von Saba vorangestellt, bei dem sie ihre Absichten bereits preisgibt und sich vorstellt. Hierbei erwähnt sie im Gegensatz zum Bibeltext auch ihren Vornamen Balkis. Auch bekommt der König im Film nach ihrer Vorstellung von der Königin von Saba ein Gastgeschenk – tanzende wunderschöne Mädchen aus dem Land der Königin von Saba. Dann allerdings hat König Salomon ein Rätsel für die Königin. Er fragt sie, ob sie wisse, wie man durch Sand hindurchsehen könne und zeigt ihr seine Trinkgläser. Dann lässt er durch Bedienstete weitere Kostbarkeiten wie Stoffe, Hölzer, Gewürze und vieles mehr hineintragen und zeigt diese der Königin von Saba. Im Anschluss daran stellt die Königin von Saba dem König bei einem gemeinsamen Spaziergang einige Fragen und schaut ihm dabei zu, wie er seine Kinder unterrichtet, wie er Urteile verkündet und zu seinem Volk spricht. Anschließend hat er ein weiteres Rätsel für die Königin und sie muss feststellen, dass alle Erzählungen über die Weisheit von König Salomon sich als wahr herausgestellt haben und auch noch weit darüber hinausgehen. Wie in der Bibel dargestellt lobt die Königin von Saba sodann den Gott, der Salomo zum König gemacht hat, um über das Volk Israel zu herrschen. Diese Szene stimmt also mit dem Bibeltext überein.

Nach diesen ehrlichen Worten der Königin von Saba entfernt sich der Film nun von der Bibelstelle. Das nun Dargestellte findet so an keiner Stelle der Bibel statt, denn König Salomon und die Königin von Saba verlieben sich ineinander, heiraten und bekommen einen Sohn namens Menelik. Über diese Liebesbeziehung vernachlässigt König Salomo sein Volk, wodurch er an Beliebtheit verliert.

Als die Königin von Saba sich entschließt, wieder in ihr Land zurückzukehren, treffen sich der Film und der Bibeltext wieder. König Salomo gibt der Königin von Saba, zusätzlich zu den Geschenken, die er von sich aus gab, alles mit, was ihr gefiel oder worum sie ihn bat, und sie zieht mit ihrem Gefolge in ihr Land zurück.

5. Fazit

Zusammenfassend konnte ich feststellen, dass der Film „Die Bibel- Salomon" eine recht gute Verfilmung der Geschichte von König Salomo darstellt, da es sich insgesamt um eine Verfilmung handelt, die sich nah an den Bibeltext anlehnt. Auch wurde die darin beinhaltete Geschichte der Königin von Saba gut dargestellt.

Die Frage danach, warum diese Geschichte über die Bibeltexte hinaus weitererzählt wird, so dass u. a. die Filmkritik bei video.de von einer „[…] Überbetonung der Rolle der Königin von Saba […]"[1] spricht, könnte sich zum einen daraus erklären, dass viele Filme mit geschichtlichem Hintergrund durch eine Liebesgeschichte für den Zuschauer attraktiver gemacht werden sollen. Zum anderen könnte diese Liebesgeschichte aber auch auf äthiopische Legenden zurückge-

---

[1] G+J Entertainment Media GmbH & Co. KG: Die Bibel: Salomon. Inhalt und Kritik. Online in: http://www.video.de/videofilm/die-bibel-salomon-dvd-kauf/75840 . Letztes Zugriffsdatum: 30.04.2012

führt werden, die die Königin von Saba „[...] lange Zeit als Stammmutter des Königshauses – und Salomo als Stammvater."[2] bezeichneten. Ebenso soll noch im Jahr 1973 vom Staat Israel erklärt wurden sein, „[...], dass die schwarzen Bevölkerungsteile Äthiopiens, die dem jüdischen Glauben angehörten, bis auf biblische Zeiten zurückverfolgt werden können. Nach der Tradition dieser Gruppen stammen sie von Menelik, dem Sohn Salomos und der Königin von Saba, ab, der eine Reise nach Afrika unternahm."[3]

---

[2] Kirchberger, Joe H.; Schnieper, Anne-Marie; Sölle, Dorothee, Große Frauen der Bibel: in Bild und Text, Herder, 3. Auflage, Freiburg 1994, 199.
[3] Ebd.

Literaturverzeichnis

Übersicht über die Grundlagen für die Hausarbeit (Hilfsmittel)

Buch: Die Bibel. Luthertext, Deutsche Bibelgesellschaft, Stuttgart 1991

Film: KanzlerMassa (2011): Die Bibel Salomon Teil1 – Part1. Online in: http://www.youtube.com/watch?v=p0qiKJMOieU . Letztes Zugriffsdatum: 29.04.2012

KanzlerMassa (2011): Die Bibel Salomon Teil1 – Part2. Online in: http://www.youtube.com/watch?v=Z6-yQSgKN9Q. Letztes Zugriffsdatum: 29.04.2012

KanzlerMassa (2011): Die Bibel Salomon Teil1 – Part3. Online in: http://www.youtube.com/watch?v=v3Tn3xvf14M. Letztes Zugriffsdatum: 29.04.2012

KanzlerMassa (2011): Die Bibel Salomon Teil1 – Part4. Online in: http://www.youtube.com/watch?v=wnx75N9vVol. Letztes Zugriffsdatum: 29.04.2012

KanzlerMassa (2011): Die Bibel Salomon Teil1 – Part5. Online in: http://www.youtube.com/watch?v=RKEkeNnPXYs. Letztes Zugriffsdatum: 29.04.2012

KanzlerMassa (2011): Die Bibel Salomon Teil1 – Part6. Online in: http://www.youtube.com/watch?v=FDvuSEMezaU. Letztes Zugriffsdatum: 29.04.2012

KanzlerMassa (2011): Die Bibel Salomon Teil2 – Part1. Online in: http://www.youtube.com/watch?v=FzqTcsxteB0. Letztes Zugriffsdatum: 29.04.2012

KanzlerMassa (2011): Die Bibel Salomon Teil2 – Part2. Online in: http://www.youtube.com/watch?v=JQwkFzf1q2g. Letztes Zugriffsdatum: 29.04.2012

KanzlerMassa (2011): Die Bibel Salomon Teil2 – Part3. Online in: http://www.youtube.com/watch?v=zczLsKh0PnA . Letztes Zugriffsdatum: 29.04.2012

KanzlerMassa (2011): Die Bibel Salomon Teil2 – Part4. Online in: http://www.youtube.com/watch?v=CbbmbeQsr6o . Letztes Zugriffsdatum: 29.04.2012

KanzlerMassa (2011): Die Bibel Salomon Teil2 – Part5. Online in: http://www.youtube.com/watch?v=YWjnSBP-DAU . Letztes Zugriffsdatum: 29.04.2012

KanzlerMassa (2011): Die Bibel Salomon Teil2 – Part6. Online in: http://www.youtube.com/watch?v=K-WH3lqV1cg&feature=relmfu . Letztes Zugriffsdatum: 29.04.2012

Übersicht über die Quellen

Buch: Kirchberger, Joe H.; Schnieper, Anne-Marie; Sölle, Dorothee, Große Frauen der Bibel: in Bild und Text, Herder, 3. Auflage, Freiburg 1994, 199

Internet: G+J Entertainment Media GmbH & Co. KG: Die Bibel: Salomon.   Inhalt   und   Kritik.   Online   in: http://www.video.de/videofilm/die-bibel-salomon-dvd-kauf/75840 . Letztes Zugriffsdatum: 30.04.2012

Bild auf Titelblatt: aus: KanzlerMassa (2011): Die Bibel Salomon Teil2 – Part3. Online in: http://www.youtube.com/watch?v=zczLsKh0PnA . Letztes Zugriffsdatum: 29.04.2012